COUP D'ŒIL

SUR L'EMPRUNT PROJETÉ

POUR SATISFAIRE A L'EXIGENCE

DES BESOINS DU BUDGET DE 1832,

A FAIRE SUR DES 3 OU SUR DES 5 POUR CENT.

PARIS. — IMPRIMERIE DE COSSON,
Rue Saint-Germain-des-Prés, n. 9.

COUP D'ŒIL

SUR L'EMPRUNT PROJETÉ

POUR SATISFAIRE A L'EXIGENCE

DES BESOINS DU BUDGET DE 1832 ;

PAR ARMAND SÉGUIN,

DE L'INSTITUT.

PARIS.

JANVIER 1832.

COUP D'ŒIL

SUR L'EMPRUNT PROJETÉ

POUR SATISFAIRE A L'EXIGENCE

DES BESOINS DU BUDGET DE 1832.

Ayant, pour ainsi dire, épuisé dans mes précédens écrits, l'ensemble des moindres détails des emprunts en général, je me bornerai, en cette nouvelle circonstance, à tracer le point de vue sous lequel doivent se présenter les résultats de ceux nécessaires pour, à défaut d'économies suffisantes, subvenir à l'exigence des besoins du budget de 1832, qui, d'après la discussion qui a eu lieu à la Chambre des Députés, relativement à ce budget, peuvent être évalués à environ 400 millions.

Dans cette position, mon but est de rechercher quels seront en définitive les débours des contribuables pour satisfaire à ces besoins, par voie d'emprunt.

Ce chiffre bien établi, il ne restera plus (et ces recherches sont plus particulièrement de la compétence du gouvernement et des Chambres) qu'à rechercher si, relativement aux contribuables, l'utilité de l'application des rentrées de l'emprunt dépassera ce chiffre : dans ce premier cas, l'emprunt pourra être considéré comme une direction pécuniairement favorable aux intérêts des contribuables; dans le cas contraire, la conclusion devra être opposée.

Admettons donc qu'un nouvel emprunt de 400 millions puisse s'effectuer, conformément aux derniers erremens, par une émission de 5 pour cent, négociés à 96 fr. pour 5 fr., et rachetés, avec une dotation de 1 pour o/o du montant de l'emprunt, à 98 fr. pour 5 fr. (taux intermédiaire entre le taux nominal et le prix de la négociation).

Par suite de ces dispositions, voici les chiffres des bases et des résultats de l'emprunt :

Montant de l'emprunt.

———

4oo,ooo,ooo fr.

———

Valeur de l'emprunt.

———

des 5 pour cent.

———

Prix de négociation de la valeur de l'emprunt.

———

96 fr. pour 5 fr.

———

Taux de l'intérêt de la négociation.

———

$5 \frac{208}{1000}$ pour o/o.

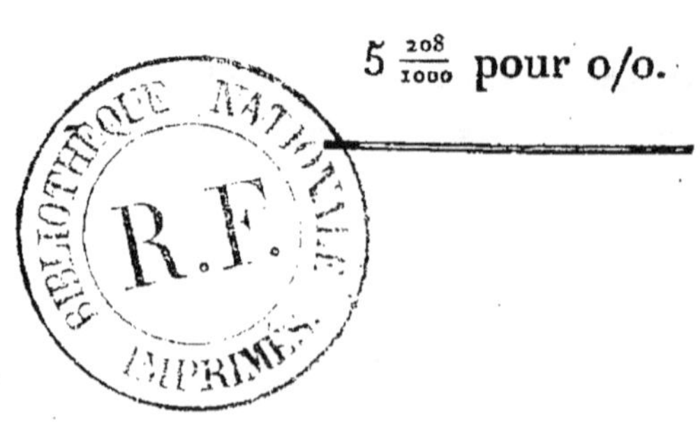

Prix du rachat.

---

98 fr. pour 5 fr.

Taux de l'intérêt du rachat.

$5\,\frac{102}{1000}$ pour o/o.

Montant de la dotation, 1 pour cent du montant de l'emprunt.

4,000,000 fr.

Durée de la libération.

---

36 années, 8 mois, 15 jours.

Débours annuels pour arrérages et pour dota-
tion.

24,833,000 fr.

Diminution de la fortune des contribuables à l'achèvement de la libération par suite des débours annuels effectifs, et des privations annuelles de jouissances occasionés par l'emprunt :

2 milliards 535 millions.

2,535,000,000 fr.

D'où il résulte que toute autre voie de satisfaire à l'exigence des besoins du budget de 1832, qui, à l'achèvement de la libération de ces besoins, n'aurait pas exigé, de la part des contribuables, un débours annuel en numéraire et en privations de jouissances, représenté par le chiffre

2,535,000,000 fr.

serait pécuniairement préférable à l'emprunt, et éviterait aux contribuables une nouvelle diminution de fortune de plus de deux milliards.

Ce serait alors, je le répète, au Gouvernement et aux Chambres à comparer les résultats de toutes les voies possibles de satisfaire aux besoins du budget de 1832, et à choisir, parmi ces voies, celle qui pécuniairement serait la moins onéreuse.

ARMAND SÉGUIN.

COUP D'OEIL

SUR L'EMPRUNT PROJETÉ

POUR SATISFAIRE A L'EXIGENCE

DES BESOINS DU BUDGET DE 1832,

A FAIRE SUR DES 3 POUR CENT ET SUR DES 5.

Dans l'écrit précédent, j'ai prouvé que la voie d'emprunt sur des 5 pour o/o, pour satisfaire à l'exigence des besoins du budget de 1832, occasionerait dans la fortune des contribuables une diminution de

2,535,000,000 fr.

Quelques prôneurs du système des emprunts sur des 3 pour o/o ayant présumé qu'un tel résultat cesserait sans doute d'exister dans le cas où le gouvernement emprunterait sur des 3 pour o/o, ainsi que, suivant eux, il pourrait s'en flatter; il me semble indispensable d'éclaircir immédiatement cette proposition, surtout en raison de la haute importance pour l'Etat d'une telle controverse.

Lorsque ce premier but sera atteint, nous pourrons au moins alors fonder notre espoir d'échapper à cette cause de détériation financière, sur la reponsabilité ministérielle, dont, par cela même, disparaîtront les principaux prétextes d'excuses.

Recherchons donc quel serait le chiffre des débours annuels effectifs, et des privations annuelles de jouissances qu'occasionerait aux contribuables un emprunt destiné à satisfaire l'exigence des besoins du budget de 1832, fait sur des 3 pour o/o, comparativement à un même emprunt fait sur des 5 pour o/o, en prenant parité dans les chiffres des bases de ces emprunts susceptibles d'être déterminés par un libre arbitre.

Montant de l'emprunt.

———

400,000,000 fr.

═══════

Valeur de l'emprunt.

———

des 3 pour cent.

═══════

Prix de négociation de la valeur de l'emprunt.

———

57 fr. 60 c. pour 3 fr.

═══════

Taux de l'intérét de la négociation.

———

$5 \frac{208}{1000}$ pour o/o.

═══════

Prix moyen du rachat.

78 fr. 80 c. pour 3 fr.

Taux de l'intérêt du rachat.

$3\frac{807}{1000}$ pour o/o.

Montant de la dotation, 1 pour cent du montant de l'emprunt.

4,000,000 fr.

Débours annuels pour arrérages et pour dotation.

24,833,000 fr.

Diminution de la fortune des contribuables à l'achèvement de la libération, par suite des débours annuels effectifs et des privations annuelles de jouissances occasionés par l'emprunt :

3 milliards 397 millions.

3,397,000,000 fr.

D'où il résulte :

1°. Que ce genre d'emprnt sur des 3 pour cent comparé à celui fait sur des 5 pour cent accroîtroit de près d'un milliard la diminution de fortune des contribuables ;

2°. Et que dès lors, conformément à l'énoncé précédent, toute autre voie de satisfaire à l'exigence des besoins du budget de 1832 qui, à l'achèvement de la libération de ces besoins, n'auroit pas exigé de la part des contribuables un débours annuel en numéraire et en privation de jouissances, représenté par le **chiffre**

3,397,000,000 fr. ,

serait pécuniâirement préférable à tout emprunt, fait soit sur des 5, soit sur des 3
pour cent;

3°. Qu'enfin ce ne serait qu'en comparant
les divers résultats pécuniaires de toutes les
voies possibles de subvenir à l'exigence des besoins du budget de 1832, qu'on pourrait avec
toute confiance arrêter son choix entre ces
diverses voies.

ARMAND SÉGUIN.